PANÉGYRIQUE

DE

SAINT REMI

ARCHEVÊQUE DE REIMS

Par M. l'Abbé V. TOURNEUR

Vicaire général, Archidiacre de Notre-Dame

Prononcé le 15 Janvier 1882, en la Basilique de S. Remi de Reims

Natus est homo firmamentum gentis, stabilimentum populi; ossa ipsius visitata sunt, et post mortem prophetaverunt.

Un homme est né pour être le soutien de sa nation, l'appui de son peuple; ses ossements ont été visités et ils ont opéré des prodiges après sa mort (Eccli XLIX 17-18.)

REIMS

IMPRIMERIE COOPÉRATIVE, RUE PLUCHE, 24

(N. MONCE, délég.)

1882

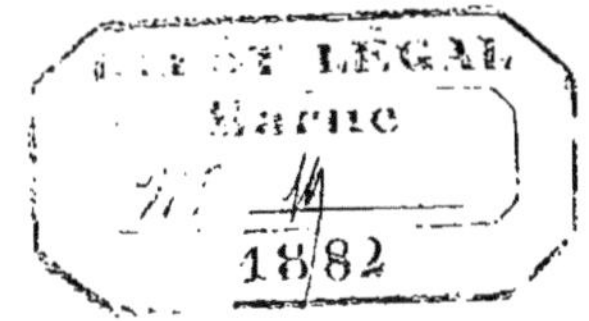

PANÉGYRIQUE

DE

SAINT REMI

ARCHEVÊQUE DE REIMS

Par M. l'Abbé V. TOURNEUR

Vicaire général, Archidiacre de Notre-Dame

Prononcé le 15 Janvier 1882, en la Basilique de S. Remi de Reims

Natus est homo firmamentum gentis, stabilimentum populi ; ossa ipsius visitata sunt, et post mortem prophetaverunt.

Un homme est né pour être le soutien de sa nation, l'appui de son peuple ; ses ossements ont été visités et ils ont opéré des prodiges après sa mort. (Eccli XLIX 17-18.)

REIMS

IMPRIMERIE COOPÉRATIVE, RUE PLUCHE, 24

(N. MONCE, délég.)

1882

PANÉGYRIQUE DE S. REMI

ARCHEVÊQUE DE REIMS

Prononcé le 15 Janvier 1882, en la Basilique de S. Remi de Reims

> *Natus est homo firmamentum gentis, stabilimentum populi; ossa ipsius visitata sunt, et post mortem prophetaverunt.*
>
> Un homme est né pour être le soutien de sa nation, l'appui de son peuple ; ses ossements ont été visités et ils ont opéré des prodiges après sa mort. (Eccli XLIX-17-18).

EXCELLENCE (1), MES FRÈRES,

Où chercher l'application des paroles magnifiques que vous venez d'entendre ? cet homme, né pour être le soutien de sa nation, l'appui de son peuple, *firmamentum gentis, stabilimentum populi*, est-ce seulement Joseph, ministre de Pharaon, nourricier de ses frères, et qui sut préserver l'Egypte d'une ruine inévitable ? — Est-ce Moyse, visiblement investi du pouvoir suprême, législateur de la nation sainte et le père de cette multitude qui ne vit que par lui ? — Est-ce Samuel, le consécrateur des Rois, cet homme dont l'ombre prophétique témérairement évoquée par Saül,

(1) S. E. Monseigneur B.-M. Langénieux, archev. de Reims.

lui annonçait les maux qui allaient l'atteindre, *ossa ipsius visitata sunt et post mortem prophetaverunt?* Ou bien n'est-ce pas plutôt un héros du christianisme, plus grand que Joseph, plus grand que Moyse, plus grand que Samuel, et qui réunit dans sa seule personne tous les caractères de ces illustres personnages? — N'est-ce pas saint Remi? qui, comme un autre Joseph, fournissait à son peuple du pain dans la disette? saint Remi, thaumaturge, comme Moyse; comme lui, législateur de la nation franque, qu'il sut introduire dans une terre véritablement promise, la terre de l'Eglise catholique? saint Remi, député comme Samuel pour consacrer les Rois? saint Remi, dont les ossements visités par tous les peuples, portés en triomphe sur les épaules des Souverains Pontifes et des Monarques, n'ont cessé depuis des siècles d'opérer des miracles, *ossa ipsius visitata sunt, et post mortem prophetaverunt?*

Tel est l'homme, tel est le saint dont j'ai aujourd'hui à vous entretenir. Oh! Mes Frères, pouvais-je rencontrer jamais un sujet plus digne de cette chaire sacrée et du grand jour qui nous rassemble? Vous parler de saint Remi, au pied de ce tombeau qu'il s'est lui-même choisi par un miracle? En face de ces reliques devant lesquelles depuis quatorze siècles, tant de générations sont venues prier? à l'abri desquelles les Rois et les Pontifes ont voulu reposer dans la tombe? — Vous parler de saint Remi, de notre Père, dans ce jour, 1350e anniversaire de son heureux trépas, dans cette église qui est tout entière une châsse immense, construite pour abriter ses restes? en présence de ce Pontife successeur de saint Remi, héritier de son amour pour les populations rémoises, comme il l'est de sa juridiction et de son pouvoir ?.. Non jamais je n'aurais pu trouver un sujet plus doux pour mon cœur de prêtre, enfant de Reims et de saint Remi, et en même temps, je le sais, plus sympathique à votre piété.

Suivant donc pas à pas la vie de saint Remi, nous admirerons en lui le bienfaiteur de la nation française *firmamentum gentis ;* le bienfaiteur de Reims en particulier, *stabilimentum populi ;* le puissant thaumaturge dont les ossements n'ont cessé d'opérer des prodiges en faveur de ceux qui sont venus les visiter, *Ossa ipsius visitata sunt, et post mortem prophetaverunt.* Heureux si je puis ranimer dans vos cœurs le respect, la confiance, l'amour pour notre saint Patron, et tous les sentiments de filial dévouement que nous avons tous sucés avec le lait (1).

(1) La vie de saint Remi, écrite au VIe siècle immédiatement après sa mort, était déjà perdue au IXe. Hincmar la composa de nouveau d'après la tradition et en s'appuyant sur quelques mémoires ; il résulte de là que cette vie, parfaitement historique dans l'ensemble et pour les faits principaux, présente pour les détails des incertitudes très-nombreuses et des problèmes à chaque ligne. Les 108 pages in-folio du beau travail des Bollandistes, sont pour les deux tiers au moins consacrées à l'examen de ces problèmes. Quel est le nom véritable du saint? *Remegius, Remedius* ou *Remigius ?* — Où est-il né ? *Cerny,* ou *Laon ?* — Son père Emile est-il saint ? — Clovis a-t-il été *sacré,* ou seulement *baptisé ?* Où ? Quand ? Le *jour* de *Noël ?* ou de *Pâques ?* ou la *veille de Noël ?* — La date du baptême est certaine : 496. Les autres dates varient indéfiniment. Voici celles des Bollandistes qui ont étudié le plus à fond l'histoire de notre saint. Naissance : *vers* 436. Episcopat : *vers* 456. — Baptême de Clovis : 496. Mort de saint Remi : *vers* 532. — On conçoit que nous ne cherchions point à éclaircir ici toutes ces incertitudes ; nous n'affirmons rien qu'avec des autorités respectables, tout en n'ignorant pas que d'autres les contredisent dans quelques détails.

I.

Pour comprendre toute l'étendue des services que saint Remi a su rendre à la Religion et à la Patrie, il importe avant tout de jeter un rapide coup-d'œil sur l'histoire de son siècle et des siècles qui l'ont immédiatement précédé. Soumise au joug des Romains par l'épée de César quelques années seulement avant la naissance de Jésus-Christ, la Gaule, dès le premier siècle, reçut le bienfait de la foi catholique. Envoyés par saint Pierre, des hommes apostoliques viennent l'évangéliser (1); saint Sixte et saint Sinice fondent les sièges de Reims et de Soissons; saint Timothée, saint Maur, saint Apollinaire arrosent de leur sang cette terre rémoise qui enfantera désormais tant de saints (2). Ils ne sont pas encore bien éloignés, et nous les avons vus, les jours où nous, les fils de ces martyrs, nous allions à la suite de leurs saintes reliques, gardées ici, honorer chaque année leur mémoire, à la *Pompelle,* sur le lieu même qui avait bu leur sang (3).

Après l'ère des martyrs, de longues années de prospérité se sont levées sur l'Eglise de Reims. Gouvernée par des saints, par saint Amand, par

(1) Hist. *Littér. de la France,* par D. Rivet, t. 1, p. 441, note de M. Paulin Paris. — Ravenez. Reims, 1857.

(2) *Brev. Rom.*, supplément de Reims au 23 août.

(3) La procession *de la Pompelle* avait lieu le lundi de la Pentecôte ; elle cessa en 1831.

saint Sévère, par saint Vivent (1), elle contemple avec bonheur les nombreux enfants qui réjouissent son cœur par leur piété. Mais voici venir le cinquième siècle, le siècle le plus malheureux, pour nos contrées, de tous ceux dont l'histoire nous a gardé le souvenir. C'est alors que, suivant la prophétie de saint Jean, la coupe de la colère divine déborde sur le monde. (Apoc. xv, 7.) Dieu va venger sur Rome et sur l'Empire Romain ses saints cruellement immolés. La Gaule, plus exposée que les autres provinces aux incursions des Barbares, est aussi la plus éprouvée. Tout est dévasté, dit Orose, l'ennemi ne laisse après lui qu'un sol ravagé et des débris fumants (2). La ruine du pays eût été moins complète, continue saint Jérôme, si l'Océan tout entier eût couvert ses campagnes (3). Plus du tiers des habitants périt par le glaive; la peste et la famine ajoutent leurs horreurs aux horreurs des combats. Trèves et Mayence, les boulevards de l'Empire, ont été deux fois renversés. Tongres est détruite, et Reims, malgré l'héroïque défense de ses citoyens (4), malgré le dévouement de saint Nicaise, son évêque, Reims, devenue la proie des Barbares, est à son tour réduite en cendres. Témoins ces splendides mosaïques, ces palais aux débris calcinés que les fouilles font si souvent apparaître

(1) *Saint Vivent* (390-394). Ses reliques sont honorées à *Braux* (Ardennes).

(2) *Orose*, lib. VI.

(3) *Saint Jérôme*, ép. 25 à Ageruchia. *Apud* Flodoard de l'Académie de Reims, t. I, p. 45.

(4) *Fractis demum civium viribus acri et diuturna obsidione.* Brev. Rom., suppl. Rem., 14 décembre, leç. VIe.

comme des fantômes d'un autre âge ; ils viennent nous attester l'existence d'une ville de Reims plus magnifique que la nôtre et détruite il y a quinze siècles par l'incendie. C'est la trace encore visible des fléaux du cinquième siècle (1).

Quand ces jours de malheur sont passés, la Religion catholique a presque entièrement disparu des Gaules. Les Barbares ont remplacé les Romains, et ils sont ou payens, ou infectés des erreurs d'Arius. En Orient, c'est Anastase le persécuteur ; l'arianisme règne en Italie avec Théodoric ; en Espagne, en Bourgogne, avec Alaric et Gondebaud. Si je me tourne vers le nord, j'y verrai l'Angleterre encore payenne ; et bien loin dans les forêts de la Germanie, les Francs, plus braves, plus fiers que les autres barbares, menaçant d'introduire avec eux dans les Gaules tous les maux de l'idolâtrie. — Que va donc devenir cette Eglise, ô mon Dieu ? cette Eglise des Gaules qui vous a tant donné de martyrs, tant de docteurs ! et avec elle l'Eglise de Reims, pour laquelle vous avez opéré de si grands prodiges ? Rassurons-nous, Mes Frères, elle est éprouvée, mais elle ne périra pas !

En effet, comme les Anges annoncèrent autrefois à la terre ses libérateurs : Sanson, Jean-Baptiste et le Messie lui-même, un Ange annoncera saint Remi plusieurs mois avant sa naissance. Du fond de l'Ardenne et des bords de la Chière (2), allez saint

(1) Mosaïque des Promenades, découverte le 3 novembre 1860. Voir le beau livre de M. Loriquet.

(2) Dom Lelong, *Hist. du dioc. de Laon*, p. 38, dit que ceci se passait à La Fère. On conserve les reliques de saint Montan dans cette ville dont il est le patron ; sa fête se célèbre le 17 mai,

Ermite Montan, allez dire à Cilinie qu'elle enfantera dans sa vieillesse ; — dites-lui que cet enfant du miracle s'appellera Remi, c'est-à-dire *Pilote,* parce qu'il tiendra d'une main ferme le gouvernail de son Eglise et qu'il saura l'abriter au port. Cilinie ne vous croira pas; mais ajoutez que cet enfant vous rendra la vue, comme le fils de Zacharie rendit la parole à son père. Une année s'écoule, et il naît l'enfant de la promesse, comme Isaac, d'un sein que la vieillesse a rendu stérile; il naît, et des saints l'environnent ! — Emile, comte de Laon, son père, et Cilinie, sa mère, ont été depuis longtemps reconnus comme saints (1). Saint Principe (2), Evêque de Soissons, est son frère. Autour de son berceau, transporté de Cerny-en-Laonnois sur la terre ardennaise d'Aubigny-lès-Potées, dont Emile, Comte de Laon, est le Seigneur, nous verrons, Balsamie sa nourrice, et Celsin, son frère de lait, qui seront l'un et l'autre placés sur les autels (3). Ah ! c'est que souvent, parents chrétiens, ne l'oubliez jamais, la sagesse des enfants est la récompense des vertus de ceux qui leur ont donné le jour. Ainsi le veut Celui qui promettait aux Patriarches de les bénir jusqu'à la quatrième génération.

(1) Saint Emile est inscrit au *Martyrologium gallicanum* au XIII janvier, mais il ne figure dans aucune liturgie. Sainte Cilinie est honorée à Reims le 29 octobre. Ses reliques sont à la Métropole de Reims.

(2) Saint Principe, évêque de Soissons. Sa fête est au 25 septembre. Les *Acta sanctorum* donnent sa vie à la même date.

(3) *Annales ardennaises*, par M. Masson, p. 325. La fête de sainte Balsamie est au 14 octobre à Reims. Saint Celsin avait à Reims son église, nommée d'abord Saint-Celsin et Sainte-Nourrice et depuis Sainte-Balsamie, collégiale-paroisse. La fête de saint Celsin est le 25

Remise aux mains de tels saints, l'éducation de Remi fut ce qu'on devait en attendre; ils savaient que la science sans la piété n'est qu'un présent funeste; que c'est payer le savoir trop cher que de l'acheter au prix de la foi et de la vertu. Aussi les maîtres qu'ils choisissent pour leur fils, ne sont pas moins habiles dans l'art de former les saints que dans celui de façonner les savants. Une pieuse tradition nous assure que saint Remi fréquenta les écoles de Reims et qu'elles furent le vrai berceau de son esprit et de son cœur. A seize ans il a terminé le cours de ses études et déjà il annonce ce que Sidoine Apollinaire admirera en lui : l'orateur éloquent, sachant également éclairer les esprits et persuader les cœurs.

Il est instruit dans la science des hommes, il lui faut maintenant celle des saints; il ira la chercher dans la solitude. Là, loin du monde, il se formera, par l'oraison, par la méditation, par l'étude de son propre cœur, à la connaissance des autres et à la pratique des plus hautes vertus. Chose bien digne de remarque : c'est presque toujours dans la solitude que Dieu forme ceux qui sont destinés à conduire les âmes. Témoins les Athanase et les Chrysostome, les Grégoire VII, les Innocent III et les Urbain II, tant il est vrai que cette vie religieuse encouragée par l'Eglise est loin d'être une vie inutile et sans fruits.

octobre ; on l'honore à Laon sous le nom de saint Soussin, prêtre. (*Petits Bolland.* au 25 oct.). — Que saint Remi soit né à Cerny, ou à Laon, il n'en est pas moins enfant de l'Eglise de Reims, puisque c'est lui-même qui en a détaché celle de Laon.

Après six années d'épreuves, il est temps de placer sur le chandelier cette grande lumière ; les Francs approchent, il faut que saint Remi soit prêt à les recevoir. Bennade, 14e Archevêque de Reims, meurt (456) ; une voix inconnue désigne pour lui succèder le jeune Remi, comme la voix d'un enfant appelait naguère Ambroise au siège de Milan. Reims le connait déjà, ses vertus ont réuni tous les suffrages ; et malgré ses vingt-deux ans, on lui fait violence pour le placer sur le trône épiscopal de cette grande Eglise. Il résiste en vain, le ciel parle par la voix des prodiges; une brillante auréole entoure sa tête pendant la cérémonie de son sacre ; une huile miraculeuse humecte ses cheveux comme autrefois ceux d'Aaron, tous ont reconnu la volonté de Dieu et l'annonce de grands événements.

En effet, à peine saint Remi est-il devenu Archevêque de Reims que l'invasion franque a commencé. Bientôt, rapide comme l'aigle fondant sur sa proie, Clovis s'est précipité sur les riches provinces des Gaules, qu'il convoite depuis longtemps. Tout a fui à son approche, tout est en proie. En vain Syagrius, le dernier représentant de la domination romaine, veut s'opposer à ses conquêtes; les plaines de Soissons en verront la chute, et lui-même, immolé après la bataille, paiera de son sang les crimes de ses ayeux. — Mais, ô mon Dieu, combien doivent trembler ceux qui ne connaissent pas sur Clovis les secrets desseins de votre Providence ? Nouvel Attila, va-t-il persécuter les chrétiens, car il est lui-même adorateur des idoles ? Et la Gaule, en devenant la France, cessera-t-elle de vous appartenir ? Non,

Mes Frères, auprès de Clovis, une épouse chrétienne, une sainte, veille et prie; c'est assez vous dire qu'il se convertira. Comme au berceau de l'Eglise enfermée dans le cénacle nous trouvons Marie en prière, comme auprès de Constantin nous rencontrons sainte Hélène, et plus tard Monique auprès d'Augustin, Jeanne de Chantal, Louise le Gras auprès de l'Evêque de Genève et de Vincent de Paul ; de même au berceau de la France, apparait Sainte-Clotilde, digne de précéder sur le trône les Bathilde, les Blanche de Castille, les Marie de Pologne et tant d'autres ! — Clotilde gagnant Clovis par la douceur, lui inspirant, d'accord avec sainte Geneviève, le respect pour saint Remi et pour le Dieu de saint Remi ; obtenant de lui, par égard pour le grand Evêque, que, dans une marche militaire, il fît passer à trois lieues de Reims, par le chemin que nous appelons encore le chemin de la *Barbarie*, les troupes qu'il conduisait à la victoire. Longtemps Clotilde a sollicité son époux ; il est devenu l'admirateur et l'ami du saint Archevêque ; il a redemandé pour lui à un soldat brutal le vase de Soissons ; il a permis le baptême de ses deux fils premiers-nés. — Et malgré cela Clovis reste toujours payen ; il faut un miracle guerrier pour convertir le guerrier ; Clotilde et Remi l'ont obtenu du ciel. — Tolbiac, Tolbiac ! nom à jamais béni ; tu brilles au front de notre histoire d'un immortel éclat ! C'est là, Mes Frères, que sera terrassé ce fier lion qui n'a jamais combattu que pour vaincre, mais qui là sera le vaincu de la grâce et de Dieu. Les Francs sont braves, il est vrai ; ils ont vaincu dans cent combats ; n'importe ! Dieu veut les humilier pour les convertir. En vain Clovis, à la tête de ses cavaliers, essaye dix fois de rompre les épais bataillons des Allemands ; le Franc, découragé, recule et songe à prendre la fuite. — Tout-à-coup le prince s'est souvenu des leçons de son épouse ; *Dieu de Clotilde, Dieu de Remi,* s'écrie-t-il, *donnez-moi la victoire et je serai chrétien.* — Il dit, et à l'instant le sort du combat est changé; le Franc a retrouvé son ardeur, et bientôt il voit à ses pieds, implorant sa clémence, ceux qui tout-à-l'heure se croyaient victorieux. — Mais laissons-le, Mes Frères, poursuivre sa victoire ! J'ai hâte de vous le montrer traversant le diocèse de Reims pour être témoin, au passage de la rivière d'Aisne, à Rilly-aux-Oies (1), de la guérison d'un aveugle opérée par saint Waast, le prêtre qu'il a pris à Toul pour se faire instruire des dogmes chrétiens. J'ai hâte de vous le montrer à Thin-le-Moutier, catéchisé par saint Remi lui-même; ou dans la cathédrale de Reims, s'enflammant au récit de la Passion, s'instruisant avec ardeur des dogmes et des vertus de la religion chrétienne. Bientôt, au jour même de Noël (2), il ira, le doux Sicambre, se plonger avec son peuple et sa sœur Alboflède dans le baptistère de Reims; il ira se courber docile sous la main de saint Remi et jurer de brûler ce qu'il adorait, et d'adorer ce qu'il brûlait !

O jour à jamais béni ! Ciel faites éclater votre joie par des prodiges. Il descend, ce baume miraculeux, qui devra pendant quatorze siècles consacrer

(1) D'autres disent, sur le pont d'Attigny.

(2) D'autres disent, la veille de Noël, ou Pâques.

nos monarques ; il descend pour appeler tour à tour aux pieds de nos Archevêques les Rois très-chrétiens. — Et toi, Eglise de Reims, réjouis-toi. *Surge illuminare Jerusalem,* la gloire du Seigneur t'environne, *gloria Domini super te orta est,* recule au loin l'enceinte de tes tentes, car tous ces guerriers sont à toi, *omnes isti venerunt tibi ;* les Rois sont devenus tes fils ; ils sauront te défendre et t'entretenir, *mamilla regum lactaberis.* (Isaïe, LX, 16.)

C'en est fait, Mes Frères, Clovis est chrétien, la France est chrétienne, elle l'est par saint Remi. Aussi l'Eglise entière s'en émeut. De Vienne, saint Avit écrit à Clovis pour le féliciter ; le pape Anastase a tressailli de bonheur, il remercie Clovis, il donne à saint Remi le titre de Légat du Saint Siège que le grand Evêque laissera à ses successeurs comme un précieux héritage (1). La France est chrétienne, elle l'est par saint Remi, et c'est ainsi qu'il est le fondateur et le soutien de sa nation *firmamentum gentis.* Car c'est à lui que la France doit ce qu'elle a reçu du catholicisme ; ce tempérament robuste qui l'a fait résister depuis quinze siècles à tant de revers, à tant d'épreuves ; l'abolition de l'esclavage, la bonne administration de la justice, des lois sages. Elle lui doit des rois comme Charlemagne, Louis IX, Charles V, Louis XII ; des ministres comme Suger, comme Colbert, comme Fleury ; des guerriers comme Duguesclin, comme Turenne ; des orateurs comme Bossuet, Fénelon, et tant d'autres. Elle lui doit la

(1) Selon d'autres auteurs, ce serait Symmaque, en 508 ; ou, plus probablement Hormisdas, en 514. (Voir *Baronius.*)

gloire, car c'est la religion qui conduisait la France quand Charles Martel écrasait à Poitiers la barbarie musulmane, quand saint Louis triomphait de ses vainqueurs par sa grandeur d'âme. Saint Remi est donc vraiment le fondateur et l'appui de la nation *firmamentum gentis*; voyons-le le bienfaiteur de son peuple en particulier *stabilimentum populi* dont les saintes reliques toujours visitées n'ont cessé d'opérer des prodiges, *ossa ipsius visitata sunt, et post mortem prophetaverunt.*

II.

Si je voulais indiquer seulement les bienfaits procurés par saint Remi à son peuple de Reims, il faudrait être infini; et j'ai besoin de mettre un terme à mes paroles. Aussi, Mes Frères, je me tairai sur l'état de splendeur qu'il sut apporter à son diocèse. Je ne vous dirai pas que c'est aux sacres des rois et à saint Remi, par conséquent, que Reims a dû dans les siècles passés la plus grande partie de ses privilèges, de ses richesses, de son importance; et cette cathédrale illustre et magnifique entre toutes les autres; et cette basilique insigne qui nous réunit dans son enceinte, plus glorieuse par ses souvenirs, plus splendide par son architecture et ses ornements, que la plupart des cathédrales de France. Mais, prenant les choses d'une vue plus élevée, je vous dirai : saint Remi fut le bienfaiteur de son diocèse parce qu'il en fut véritablement l'apôtre et le modèle, parce qu'il fut véritablement évêque, c'est-à-dire, selon le mot de l'Evangile, parce qu'il ne cessa, pendant les soixante-quatorze années de son épiscopat, d'éclairer les peuples par sa doctrine et de les échauffer du feu de la charité. *Ille erat lucerna ardens, et lucens.* (Saint Jean, v, 35.)

Et d'abord, il éclaira son peuple par sa doctrine, *ille erat lucerna lucens.* Il l'éclaire dans ses *prédications* incessantes. Sans cesse il parcourt son vaste diocèse, pour y prêcher l'Evangile. *Metz, Toul*, les *Vosges* ont été visitées par lui dans ses missions et converties par ses miracles. Beaucoup de paroisses lui sont dédiées encore à l'heure présente dans ces diverses contrées en souvenir de son passage et de ses bienfaits. Débiteur de tous, comme saint Paul, il annonce la vérité aux grands et aux petits, aux riches et aux pauvres. Il accueille avec un empressement égal Thierry, l'humble fils d'un voleur de grands chemins, né à Aumenancourt, et le puissant Rogatien, comte de Rethel. Il l'éclaire dans les nombreux *conciles* qui se rassemblent par son autorité jusque dans les états voisins (1). Il l'éclaire par ses éloquents *écrits* que le temps nous a malheureusement enlevés pour la plupart, mais qui lus, médités, recherchés par les contemporains, faisaient les délices de tous. Flodoard, le père de l'histoire de Reims, nous a transmis l'appréciation de l'illustre Sidoine Apollinaire, évêque de Clermont, qui écrivait à saint Remi : « Il n'y a point d'auteur qui sache

(1) Conciles à Orléans, en 511 ; et à Reims, en 514.

« comme vous disposer un sujet, l'écrire avec « autant d'élégance, choisir les exemples et les « témoignages, faire valoir les arguments et les « preuves, entraîner les passions et dominer par la « vigueur des conclusions. Le style est coulant et « doux; ainsi l'ongle passe légèrement sur le cristal « ou sur l'agathe sans rencontrer aucune aspérité « ni aucune gerçure. Communiquez-nous vos ou- « vrages, ou nous nous entendrons avec d'adroits « voleurs pour vous les ravir; et si vous êtes insen- « sible à notre prière, vous serez peut-être sensible à « notre larcin. » (Flod., lib. II, ch. 12).

Il éclaire, il instruit surtout par les prédications de ses *Disciples*. En cent lieux des sièges épiscopaux se fondent, des monastères s'élèvent, des missions sont organisées. Nation des Morins, perdue sur les bords de l'Océan, voici luire au milieu de vous une grande lumière : *Saint Waast,* le prêtre de Toul qui a catéchisé Clovis, envoyé par saint Remi, a occupé pour vous le siège d'Arras. A vos côtés, Thérouenne recevra *saint Aumond* quittant pour vous son frère saint Bertaud et les pieuses solitudes de Chaumont-Porcien. Tournay aura *saint Eleuthère*; l'illustre *saint Médard* ira cultiver Noyon, tandis que Laon, détaché de l'église de Reims, sera désormais un diocèse à part dont le premier évêque est *saint Gènebaud,* par alliance neveu de saint Remi.

Plus près de nous, sur notre sol, quelles lumières encore plus vives nous éblouiront de leur éclat? *Ille erat lucerna lucens.* Ici, sur le Mont d'Hor, un repaire de brigands et de prostituées devient, sous la conduite de *saint Thierry,* une Thébaïde nouvelle (1). Là, *saint Trésain,* humble gardien d'un bétail immonde, est interrogé à Ville-en-Selve par saint Remi, ordonné prêtre par le saint évêque, et, devenu curé d'Avenay, il prélude par sa sainteté aux miracles de vertus de *Berthe* et de ses disciples. Les froides contrées de l'Hybernie (l'Irlande) envoient vers l'évêque de Reims des colonies de saints : *Gibrien, Véran, Prompte, Posenne,* qui vont porter la bonne nouvelle sur les bords de la Marne (2); et, coïncidence merveilleuse, quand le pape Urbain II, l'ancien chanoine de Reims, l'ancien prieur de Binson, grâce au zèle et au dévouement de notre Archevêque, reparaît triomphant sur tous les autels, le sanctuaire de Binson nous rendait il y a quelques jours la pierre tumulaire de sainte *Posenne* et nous affirmait qu'elle s'est sanctifiée comme tous les siens sur les rives de ce même fleuve et dans les lieux bénis où devait naître un jour le promoteur des croisades, Eudes de Châtillon-sur-Marne. — Parti de l'Ecosse encore sauvage, saint *Bertaud,* conduit par un lion, traverse sans le bénir le pays de Château-Porcien et va, pour obéir à saint Remi, illuminer de sa vertu les collines de Chaumont; les célèbres vierges *Olive* et *Libérète* (3),

(1) Le monastère de saint Thierry, fondé sous le nom de Saint-Barthélemy, reçut plus tard celui de son premier abbé.

(2) Ces saints se nommaient : Gibrien, Hélan, Trésain, Germain, Véran, Abran, Pétran, Francle, Prompte et Posenne. Gibrien cultiva Coolus ; Hélan, Bisseuil ; Trésain, Avenay ; Germain, Avize ; Véran, Matougues, etc. Voir Marlot, t. II, p. 112 (édit. de l'Académie de Reims).

(3) Ces saintes, nées à Hauteville, sont encore en grand honneur dans le pays de Chaumont-Portien. (Voir la notice récemment publiée par le P. Fressancourt, S. J.)

converties par lui, seconderont son apostolat. Il enverra prêcher dans le Berry son propre parent saint *Léonard*, dont Clovis a été le parrain et dont un obscur village, mais le plus voisin de cette paroisse de Saint-Remi, nous garde encore le souvenir (1).

Cependant il ne suffit pas à saint Remi d'éclairer par sa doctrine, s'il n'embrase encore du feu de la Charité. Il parle, pour éclairer son peuple; il agit plus encore afin de lui venir en aide, *ille erat lucerna ardens et lucens!* — Sans cesse occupé du salut de ses ouailles, quand il a travaillé pour elles tout le jour, il va passer les nuits en prière pour leur salut. L'autel actuel de la cathédrale nous marque encore la place d'une crypte dans laquelle il aimait à se retirer. — Père des pauvres, il travaille continuellement à les soulager; et c'est pour cela, Mes Frères, que chaque année, à pareil jour et sous ses vénérés auspices, les membres de la conférence de saint Vincent de Paul viennent se présenter à vous afin d'implorer pour leurs pauvres votre charité; je n'ai pas besoin, je le sens, de vous les recommander davantage; saint Remi plaide leur cause bien mieux que je ne saurais le faire! — Ses grands biens, les biens même de son Eglise leur appartenaient. S'il apprend à Bazancourt que le peuple mutiné a brûlé à Cernay-lès-Reims (2) les grains que le charitable pasteur avait accumulés pour les pauvres, il accourt éteindre l'incendie et il multiplie ses efforts afin de nourrir ceux-là mêmes qui se sont révoltés contre

(1) V. Marlot, t. II, p. 207. (Edit. Acad.).
(2) D'autres disent plus vraisemblablement à Saulx-Saint-Remi.

lui. Si Clovis veut l'enrichir? il accepte, mais pour les pauvres.

Humble, patient dans la souffrance, les plus cruelles maladies l'accablent, et il les endure sans murmurer. Le ciel paraît l'oublier ; il devient aveugle, et il ne cesse de bénir le Seigneur. Il n'est sévère qu'une fois (et vous devez, habitants de cette paroisse, en remercier Dieu aujourd'hui !) c'est quand il s'agit de revendiquer Mouzon, alors déjà domaine de l'Eglise de Reims, sur Foulques, Evêque de Tongres, qui avait voulu s'en emparer. La calomnie s'attaque à sa vertu ; de jeunes imprudents l'accusent ; il ne se plaint même pas, tant est grande sa charité, tant est vif l'amour divin qui le dévore !

Mais il est enrichi par le ciel du don des miracles ! sa charité l'emploie pour le soulagement des malheureux. Ici, Mes Frères, vous raconterai-je la longue série de merveilles qui ont illustré sa vie ? Vous dirai-je les démons visiblement chassés, les éléments vaincus, les morts ressuscités ? — Et pourquoi ne vous les dirai-je pas avec tant de pieux auteurs dont les récits ont charmé nos pères et fait couler tant de larmes dans cette bonne ville de Reims ? Comment les taire, quand la sculpture, les tapisseries, les émaux, la gravure, tous les arts se sont efforcés d'en perpétuer le souvenir ? Comment les dissimuler, quand le Prélat le plus érudit et le plus grave du IXe siècle, quand Hincmar nous les raconte ? — D'ailleurs, Mes Frères, tous les lieux qui nous environnent sont remplis de la gloire de saint Remi, et si nous nous taisions, les pierres élèveraient autour de nous la voix pour raconter les miracles dont elles sont encore les témoins *etiamsi hi tacuerint, lapides clamabunt !* (Luc, XIX, 40.) — Ici, au fronton de la grande cathédrale, saint Remi reçoit du ciel l'Ampoule miraculeuse qui doit consacrer Clovis au baptistère de la même église. Ailleurs, au portail nord du splendide édifice, il remplit d'eau, à Saulx-Saint-Remi, le tonneau de l'hospitalité et le change en un vin délicieux. Là encore, il ressuscite une jeune fille, naguère possédée du démon ; et, circonstance prodigieuse et toute marquée du doigt de la Providence, elle lui a été envoyée, disent plusieurs auteurs, par le grand saint Benoit dont les fils ont bâti cette église et ont été pendant dix siècles les gardiens de ce tombeau (1). Ailleurs, ses pieds miraculeusement imprimés dans la pierre marquaient le lieu d'où il partit pour éteindre le furieux incendie allumé par le Démon (2). Là, au boulevard Cérès actuel, se voyaient hier les fondements de la porte par laquelle les dernières flammes étaient sorties de la villes ; nous nous souvenons du temps où la procession des Rogations s'y arrêtait pour invoquer saint Remi. — D'un autre côté, ce sont d'autres souvenirs ! Ici, au pied de cette croix, debout hier encore au milieu du Barbâtre, meurt en se recommandant à saint Remi, saint *Arnould* son disciple (3). Tout près de là est l'église Saint-

(1) Les Bollandistes discutent le fait et concluent que le nom de *Benoit* n'est point un nom propre, mais une épithète qualifiant le pieux personnage qui, de Rome, envoya à saint Remi la jeune fille de Toulouse. *Vir benedictus*, benoit personnage.

(2) C'était sur le seuil de l'église Saint-Nicaise.

(3) Le proconsul Lampadius, auteur du martyre de saint Timothée, avait été foudroyé au même endroit quatre siècles plus tôt,

Maurice, à laquelle saint Remi a légué un sou d'or dans son testament. — Et là-bas, cette colline enrichie d'une splendide église consacrée à sainte Geneviève, a été donnée par la patronne de Paris à notre saint Archevêque qui l'appelle sa fille bien-aimée. Oui, mes Frères, tout autour de nous atteste la gloire de saint Remi et ses miracles, et si nous nous taisions les pierres parleraient pour nous, *si hi tacuerint lapides clamabunt.*

Et ces prodiges n'auront pas de fin ! Il meurt à 96 ans dans le palais voisin de la cathédrale bâtie par saint Nicaise et qui est encore aujourd'hui l'abri de ses successeurs; il meurt au milieu des miracles. Après avoir recouvré la vue, célébré la sainte messe, consolé ses disciples, prédit l'avenir, il rend à Dieu sa belle âme, et bientôt sa gloire éclate. Du palais archiépiscopal, on l'apporte par le Bourg-Saint-Denis et la rue Neuve, vers cette colline située alors hors de Reims, mais illustrée par la cathédrale de saint Sixte, par l'église des martyrs saint Timothée et saint Apollinaire et par sept autres sanctuaires, chers à la piété chrétienne. Quand arrivé au débouché de la rue du Cerf et de la place actuelle dite de Saint-Timothée (1), le cercueil, devenu plus lourd que le plomb, s'arrête miraculeusement et ne se laisse transporter de nouveau que quand on a pris par la rue Saint-Julien (2) le chemin du cimetière de Saint-Christophe, dont le chœur et le sanctuaire de la basi-

(1) Une croix, dite la croix d'Adelode, consacra cet endroit jusqu'en 1793.

(2) L'église de Saint-Julien fut bâtie peu après la mort de saint Remi, par un de ses disciples nommé Attole.

lique qui nous réunit en ce moment recouvrent encore la place. On le dépose *in ingressu chori* à l'entrée du chœur actuel; et la couronne aux 96 cierges, qu'une main pieuse nous a rendue, en marque exactement la place pour notre amour.

Que vous dirai-je maintenant de la vie posthume de notre grand saint? — Le texte par lequel j'ai commencé à vous parler nous en fournira le résumé le plus exact : *Ossa ipsius visitata sunt*, ses ossements furent visités, jamais saint ne fut suivi d'un tel cortège! Deux rois, Louis IV et Lothaire; deux reines, Frédéronne et Gerberge, ont choisi ce sanctuaire pour leur sépulture. Du septième au douzième siècle, de Sonnace à Raoul-le-Vert, onze archevêques ont voulu reposer auprès du plus saint et du plus illustre de leurs prédécesseurs. Il n'était mort que depuis quelques mois quand une princesse du sang royal, Salaberge, accourt solennellement le visiter. Bientôt c'est un noble Aquitain qui ne quittera le saint tombeau que pour aller fonder sur la montagne de Verzy le monastère auquel il laissera son nom de saint Basle. Grégoire de Tours vient (572) recevoir au pied de ce tombeau la consécration épiscopale; en 1049, le Pape Léon IX tient à consacrer cette église, cette même église où nous sommes. L'abbé du monastère de Saint-Remi s'avance à sa rencontre jusqu'au village de Courmelois. Deux fois le Pape voudra porter sur ses épaules les reliques de notre saint, comme vous les verrez porter tout à l'heure par vos prêtres et les dignitaires de notre église. Tous les rois à leur sacre ont tenu à le visiter. *Ossa ipsius visitata sunt.*

Les malheureux surtout sont attirés vers lui. Depuis la *peste inguinaire,* arrivée peu d'années après sa mort, jusqu'à l'*invasion de 1870,* c'est ici que le peuple de Reims, conduit par ses archevêques, s'est empressé d implorer le secours de Dieu. C'est pour la *peste noire* au XIVe siècle; pour la *guerre des Anglais* au XVe; pour la *guerre des protestants* au XVIe; pour l'*effroyable contagion du* XVIIe *siècle.* C'est toujours ! Elle vit encore dans nos mémoires, à nous qui en avons été les témoins, cette grande journée du mercredi 20 août 1849 ! quand le choléra était à nos portes (1). Alors, pour clore une pieuse neuvaine qui avait amené plusieurs fois ici le Chapitre métropolitain, ayant à sa tête son Archevêque, saint Remi sortit de son église, porté sur les épaules des ouvriers de la paroisse, descendant par la rue Neuve et remontant par le Barbâtre; plus de vingt mille personnes le suivaient en priant, pendant cinq heures. Une estrade était dressée haute et riche dans le chœur de la cathédrale, et de là, la main gauche appuyée sur la châsse, le successeur de saint Remi versait à flots, de la droite, sur le peuple agenouillé, les bénédictions que lui transmettait du ciel son saint prédécesseur. L'émotion était unanime, les larmes coulaient de tous les yeux. Nous étions heureux de nous sentir aux pieds de saint Remi. *Ossa ipsius visitata sunt.* Nous ne redoutions plus le terrible fléau, qui ne nous atteignit pas en effet :

(1) Voir le récit détaillé de la cérémonie dans l'*Ami de la religion,* août 1849. Les processions extérieures étaient alors interdites, par arrêté municipal; les désirs manifestes de toute la population firent lever la défense.

nous savions que notre Père veillait sur nous. *Ossa ipsius visitata sunt et post mortem prophetaverunt* (1).

Je ne vous les raconterai pas, ces miracles, mais je vous rappellerai que saint Nicet, évêque de Trèves, contemporain de saint Remi, et dont le diocèse était limitrophe du nôtre sur les rives de la Chière, et là où devait s'élever un peu plus tard la colonne du stylite saint Walfroy; saint Nicet écrivant à une reine arienne, Clodoswinde, en 565, dix ans après la mort de notre saint, prouvait la foi catholique par les miracles de saint Remi. Au IXe siècle, le saint corps est rapporté d'Orbais, et on dirait qu'il en est heureux, car il multiplie les miracles au retour, à Chaumuzy, à Villedommange et dans la ville même de Reims. Une croix l'attestait naguère au voisinage de Saint-Marcoul (2). En 1049, en présence du Pape Léon IX, les miracles éclatent dans cette église où nous prions, et ils sont attestés par le Souverain Pontife en personne, quand il institue pour toute la France la Saint-Remi du 1er octobre. En 1346, lors de la *peste noire,* les malades

(1) Léon XIII, lui-même, a visité notre saint, et en souvenir, il a institué ici le centre de l'archiconfrérie de *Notre-Dame de l'Usine* pour l'univers entier; il a concédé pour la célébration de la neuvaine du mois d'octobre, d'autres insignes privilèges. Comment ne pas mentionner ici, parmi les visiteurs de saint Remi, ces *foules* qui assiègent chaque année son église durant la neuvaine des premiers jours d'octobre, surtout depuis que grâce à l'initiative de M. Fr. Aubert, curé de Saint-Remi, des prédicateurs de choix sont appelés à s'y faire entendre. Monsieur l'abbé Baye suit fidèlement en cela aussi, les traces de son vénéré prédécesseur.

(2) Cette croix, dite de Sigloard, rappelait la guérison d'un perclu, nommé Abraham.

sont ici guéris en foule, non-seulement de la ville, mais des villages environnants, Rilly, Ludes, Bouvancourt. Un mandement des vicaires généraux de l'archevêque Jean de Vienne le constate officiellement. Cet acte public et solennel est daté du 7 septembre 1346 (1). Jeanne d'Arc est née à Domremy (en 1401), dans un village qui porte son nom et qui appartient à son Eglise. Mais déjà en 1359, Edouard III avait levé, après six semaines, le siège de Reims, le 11 janvier, veille de la Saint-Remi. Sa main est-elle assez visible ? Oh, oui ! *Ossa ipsius visitata sunt et post mortem prophetaverunt.*

Mes Frères, il va passer ici, son corps, miraculeusement conservé depuis 14 siècles. Croyez-vous que du haut du ciel l'âme bienheureuse qui l'attend pour triompher avec lui pendant toute l'éternité, puisse ne pas le contempler et veiller sur lui et avec lui ? Il sera donc là tout entier, dans un instant, suivi de son 86e successeur, vous bénissant pour lui. A genoux donc, Mes Frères, à genoux quand il passera. Et priez-le pour cette paroisse, pour le diocèse, pour celui qui le gouverne, pour la France, afin que par une conversion inverse de celle de Clovis, elle ne se mette pas à brûler ce que saint Remi l'apprit à adorer, ou à adorer ce que saint Remi lui a fait brûler. Fallût-il un miracle, grand Saint ! vous nous l'accorderez, car vous êtes *firmamentum gentis, stabili-*

(1) Voir surtout Jean de Lurisvilla, mss. de la bibliothèque de Reims.

mentum populi, ossa ipsius visitata sunt et post mortem prophetaverunt. AMEN. C'est ce que nous désirons avec la bénédiction de Monseigneur.

Imprimerie coopérative de Reims, rue Pluche 24.

www.ingramcontent.com/pod-product-compliance
Ingram Content Group UK Ltd.
Pitfield, Milton Keynes, MK11 3LW, UK
UKHW020407250726
13967UKWH00006B/2507